Philippe Schuwer et Dan Grisewood

ont créé cette collection.

Nina Morgan a écrit ce livre, avec les conseils de Michael Chinery,

Daphne Ingram et Brian Williams.

Nicolas Skrotsky l'a traduit.

Camilla Hallinan et Odette Dénommée ont coordonné l'édition.

John Barber, Bob Corley, Peter Dennis, Terry Hadler,

David Kearney, Swanston Graphics, Treve Tamblin ont illustré ce livre

d'après une maquette de Tony Potter, Times Four Publishing.

Nicolas Perrier a assuré la fabrication

et Isabelle Dupré et Bruno Vandenbroucque la correction.

Ma Première
ENCYCLOPÉDIE

LAROUSSE - 21, RUE DU MONTPARNASSE - 75283 PARIS CEDEX 06

Distributeur exclusif au Canada : les Messageries ADP, 1751 Richardson, Montréal
ISSN en cours d'attribution

ISBN : 978-2-03-565150-1

Réalisé par Compo Rive Gauche, Paris
Imprimé par Canale, Turin.
Dépôt légal : janvier 2009
Imprimé en Italie (Printed in Italy)
651803-10
N° projet : 11008337

La **mer**

LAROUSSE

Entrons dans ce livre

LES RIVAGES

LA MER AU LARGE

L'eau sur

la Terre

Notre planète bleue

Vue de l'espace, la Terre est bleue. C'est parce qu'elle est presque entièrement recouverte par les mers et les océans.

Les mers et les océans occupent plus des trois quarts de la surface de la Terre...

La vie est apparue dans les océans il y a plus de 3 milliards d'années, sous la forme de cellules qui ont donné naissance à des petites algues produisant de l'oxygène, indispensable au développement de la vie.

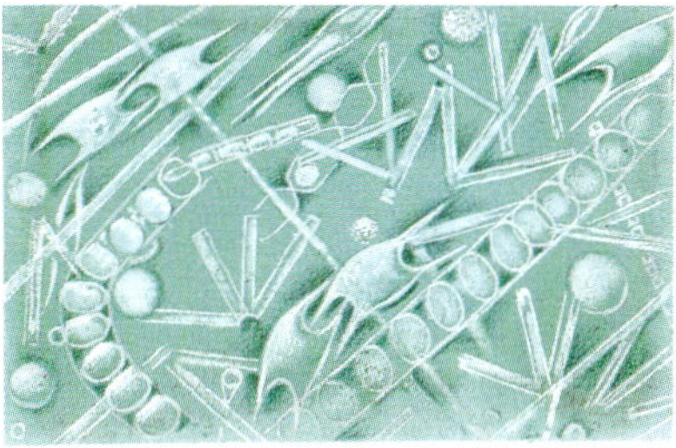

plancton vu au microscope

Aujourd'hui, des milliers de plantes et d'animaux vivent dans les océans, du plancton à la baleine.

Les océans et les mers

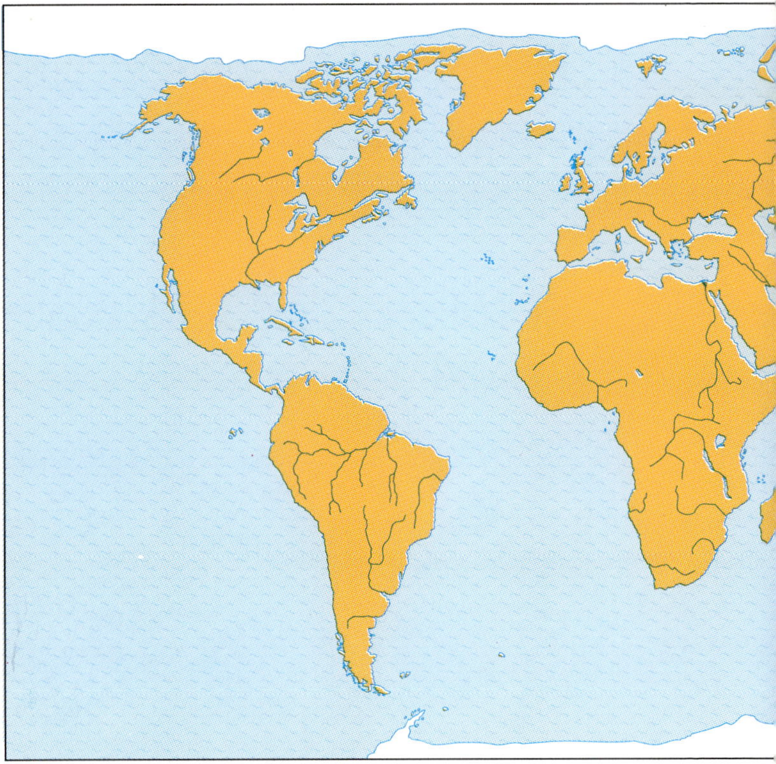

En réalité, un seul grand océan recouvre la Terre, mais il est divisé en 4 parties par les continents. Les 4 océans sont : l'océan Pacifique, l'océan Atlantique, l'océan Indien et l'océan Arctique.

Regarde où
se trouvent
les océans,
sur un globe
terrestre ou
sur une carte.

Les mers font partie des océans. Certaines mers sont très grandes, comme la mer Méditerranée ou la mer des Caraïbes... D'autres sont plus petites, comme la mer Baltique ; la mer Caspienne, elle, est fermée.

L'eau de mer

Si tu as déjà goûté l'eau de mer, tu sais qu'elle est salée. Elle contient en effet des sels et d'autres minéraux qui proviennent des fonds rocheux.

eau douce

eau salée

Le sel et les autres minéraux de la mer viennent des roches sous-marines. Ils sont aussi transportés par les rivières, qui les arrachent aux terres. L'eau des rivières n'est pas salée : c'est de l'eau douce.

Le sel aide à flotter. Ainsi, si tu nages dans la mer Morte, où l'eau est le plus salée, tu te maintiens naturellement sans effort à la surface. Par contre, il est difficile d'y plonger. La vie est complètement absente de la mer Morte et de ses abords.

Les eaux les moins salées se trouvent dans l'océan Atlantique, près de l'Amérique du Sud. Le plus grand fleuve du monde, l'Amazone, déverse des millions de mètres cubes d'eau douce dans l'océan !

Eau chaude, eau froide

Le soleil réchauffe l'eau à la surface des mers.

Dans les régions tropicales, les rayons du soleil arrivent directement sur l'eau, qui est donc plus chaude : on peut s'y baigner toute l'année.

Au pôle Nord et au pôle Sud, l'eau reçoit moins de soleil : elle est plus froide.

pôle Sud

En Arctique et en Antarctique, l'eau est si froide qu'elle gèle. Les grandes plaques de glace qui y flottent forment le pack, composé d'eau salée.

mer polaire...

pôle Nord

équateur

mer tropicale...

L'eau de mer est plus froide en profondeur. L'eau froide est plus lourde et se retrouve donc au fond. À ce niveau, l'eau n'est plus réchauffée par les rayons du soleil.

Sais-tu que...

L'océan Pacifique est l'océan le plus grand et le plus profond. Sa profondeur moyenne est de 4,3 km. L'océan Arctique est l'océan le plus petit et le moins profond : sa profondeur moyenne est de 1 km.

L'eau la plus froide en surface est à –2 °C, dans l'océan Arctique. L'eau ne gèle pas encore, parce qu'elle est salée. C'est la même chose autour de l'Antarctique.

L'eau la plus chaude en surface peut atteindre 35,6 °C, en été, dans les zones peu profondes du golfe Persique, au nord de l'océan Indien.

Aux pôles, certains blocs de glace sont si grands que des hommes peuvent vivre dessus pour effectuer des recherches. Des savants soviétiques ont passé 274 jours sur un glaçon dérivant dans l'Arctique. Ils ont dû l'abandonner, car il fondait...

L'histoire

des océans

Un monde qui bouge !

La surface de la Terre est formée d'une mince couche rocheuse : la croûte terrestre, composée de 13 éléments appelés « plaques ».

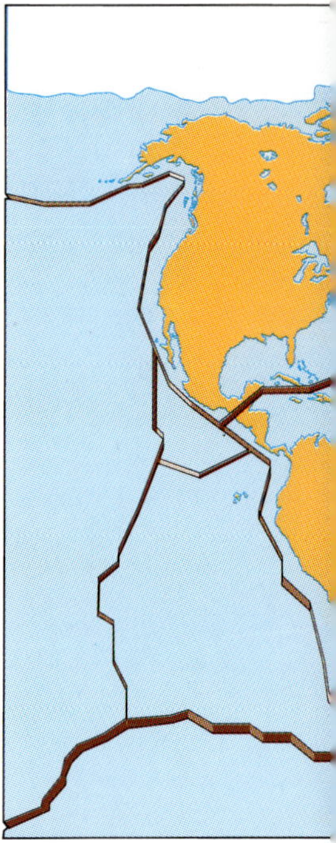

Sous la croûte terrestre se trouve une roche fondue, qui bouge sans arrêt, ce qui déplace les plaques.

Ce mouvement s'appelle la « tectonique des plaques ».

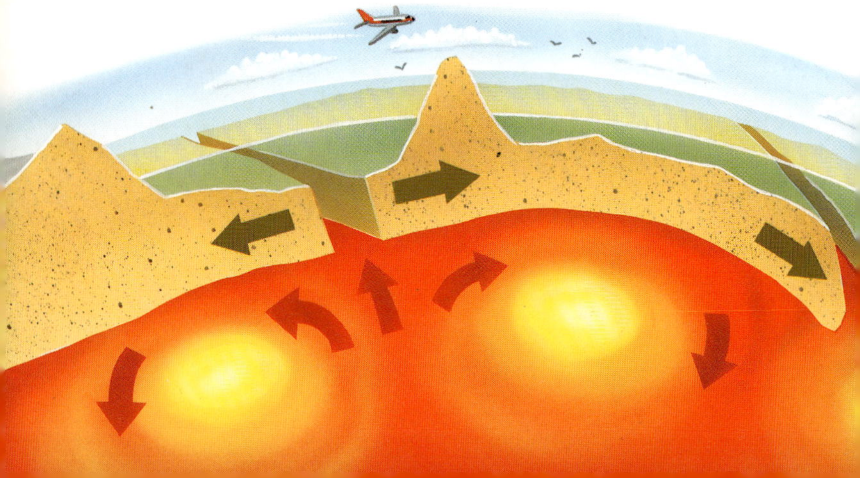

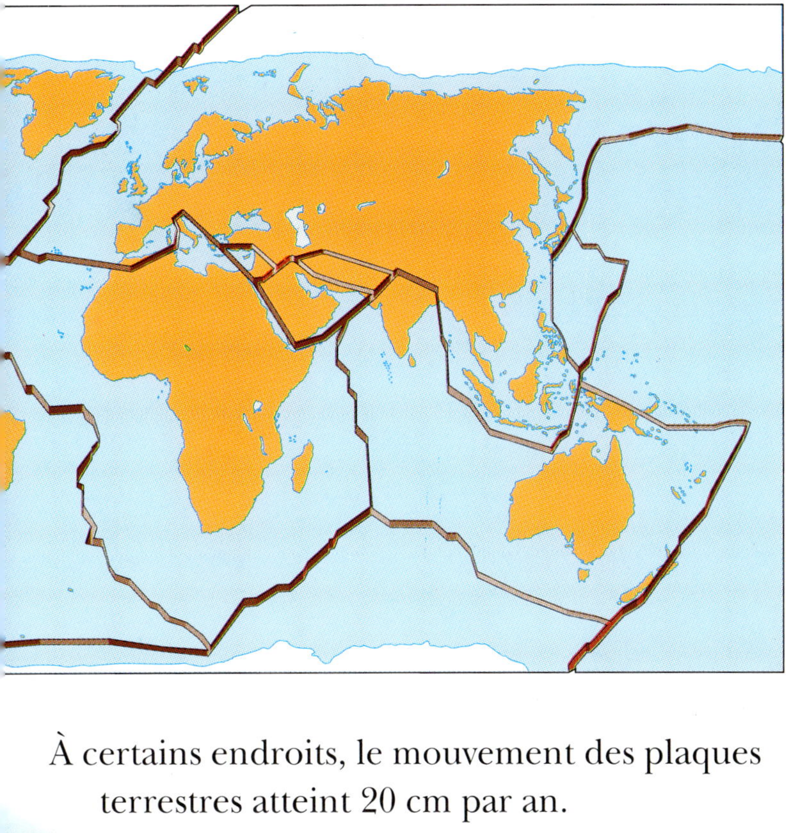

À certains endroits, le mouvement des plaques terrestres atteint 20 cm par an. Les plaques entraînent les continents. Les terres et les océans changent donc de forme.

L'histoire des océans

il y a 200 millions d'années

Il y a 200 millions d'années, il n'y avait qu'un seul continent, appelé la « Pangée ».

Ce continent était entouré d'un seul grand océan.

La roche fondue, qui se trouve sous la croûte de la Terre, est remontée petit à petit vers la surface, et a divisé la Pangée en continents. On en compte six : l'Europe, l'Asie, l'Afrique, l'Amérique, l'Océanie et l'Antarctique.

il y a 65 millions d'années

La roche fondue remonte entre deux plaques et les écarte. Cela transforme les fonds des océans.

Des îles se sont détachées des continents.

Madagascar s'est séparée de l'Afrique.

aujourd'hui

La taille et la forme des océans changent encore aujourd'hui. L'océan Atlantique s'élargit d'environ 4 cm par an. L'océan Pacifique se rétrécit progressivement.

Le fond des océans

Les continents ne se terminent pas au bord de l'eau. Ils se prolongent sous la mer, en pente douce, sur des distances plus ou moins importantes, jusqu'au vrai fond de l'océan, appelé « plaine abyssale ».

Mais le fond des océans n'est pas plat partout !

On y trouve des petits volcans éteints, ou des volcans plus grands, qui dépassent le niveau de l'eau et forment des îles. Le fond marin comprend aussi des gorges très profondes appelées « fosses ». Le paysage sous-marin est parfois aussi impressionnant que celui du Grand Canyon aux États-Unis !

Les fosses marines

Les fosses sont des vallées profondes où il fait très noir, car le soleil n'y pénètre pas. L'océan Pacifique possède de larges fosses qui s'étendent sur des kilomètres. La plus profonde est celle des Mariannes, près du Japon.

Quand deux plaques terrestres entrent en collision, une plaque est poussée sous l'autre.

Ce phénomène prend des milliers d'années.

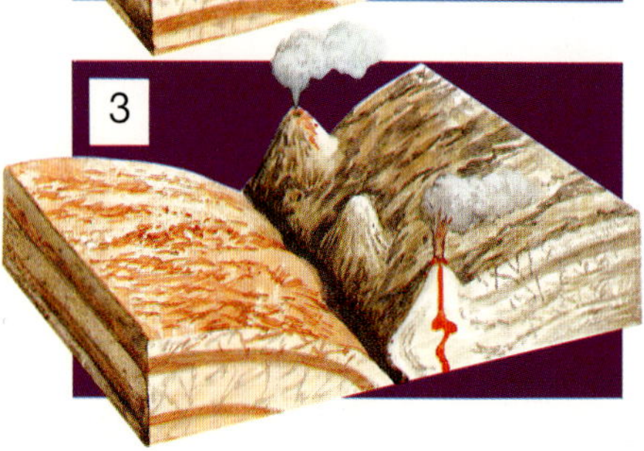

Les deux plaques exercent une pression l'une contre l'autre. La roche fondue remonte et forme un volcan.

Si on plongeait le mont Everest dans la fosse des Mariannes, son sommet serait encore à 2 km sous l'eau !

Les montagnes sous la mer

Les chaînes de montagnes les plus longues se trouvent sous l'eau. On les appelle des « dorsales ». Voici comment elles se forment.

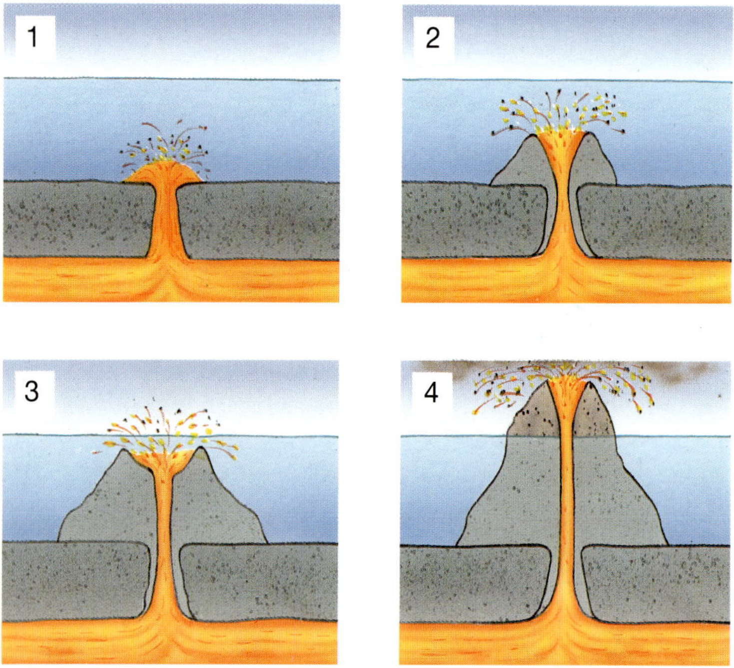

Deux plaques sont repoussées par la roche fondue venant des profondeurs. Cette roche se solidifie et forme deux bourrelets séparés par une vallée, le rift.

En certains endroits, ces montagnes sous-marines peuvent dépasser la surface de l'océan et former des îles.
De nouvelles îles sont aussi créées par des éruptions volcaniques sous-marines.

Après chaque éruption, la lave forme une nouvelle couche de roche. Le volcan devient de plus en plus grand, si bien qu'il finit par atteindre la surface.

Les îles de corail

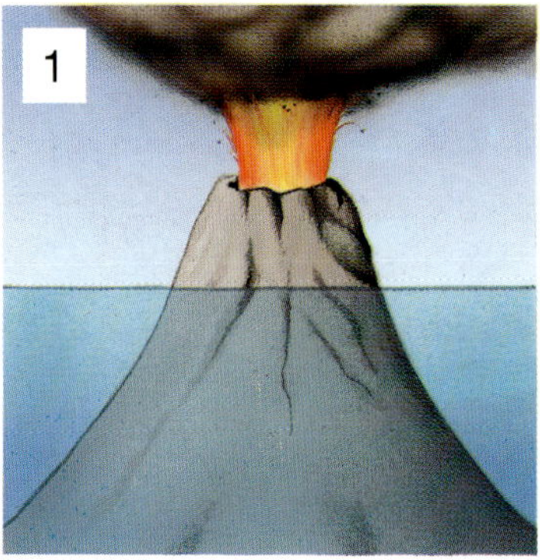

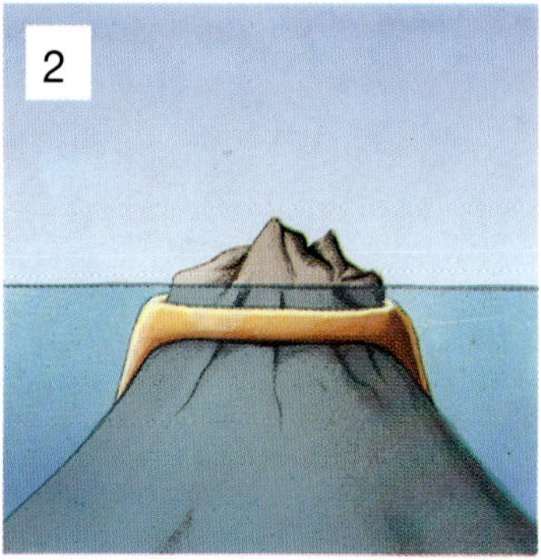

Quand une île volcanique surgit dans une région chaude (1), de minuscules animaux, les coraux, s'installent autour de celle-ci, dans des eaux peu profondes et aérées (2). Les coraux forment des récifs, où vivent des plantes et des animaux très colorés.

Si une île s'enfonce, les coraux, qui doivent rester dans les eaux chaudes pour survivre, remontent à la surface (3) et forment ainsi un anneau, nommé « atoll », que l'on peut voir au-dessus de l'eau. L'eau à l'intérieur de l'atoll s'appelle un « lagon » (4) qui abrite une grande variété de poissons.

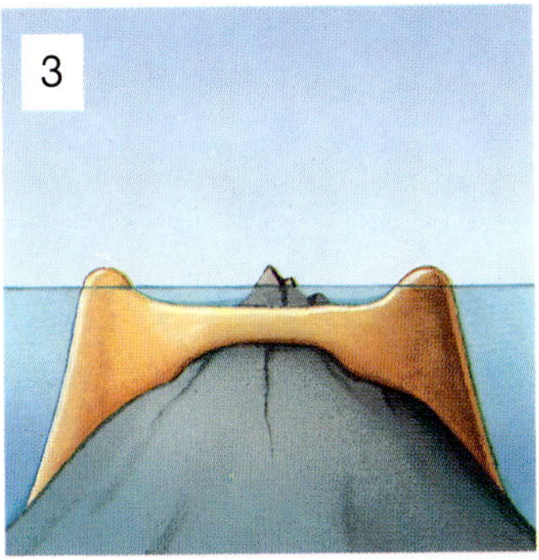
3

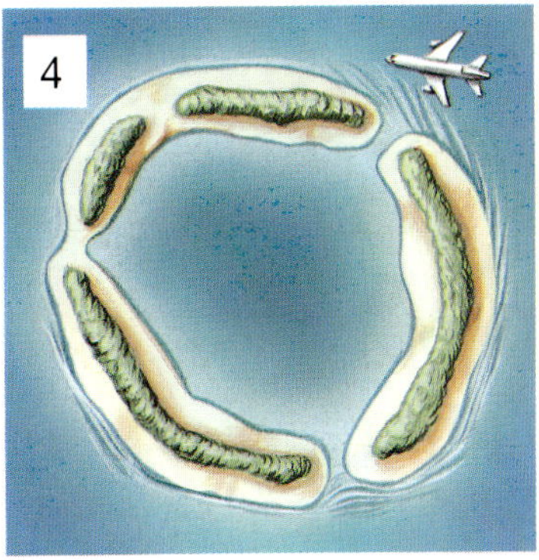
4

Les coraux

Il faut des millions de coraux pour créer un récif. Même le plus petit morceau de corail en comprend des centaines (1) ! Les animaux formant les coraux ont une coquille rigide qui les protège (2).

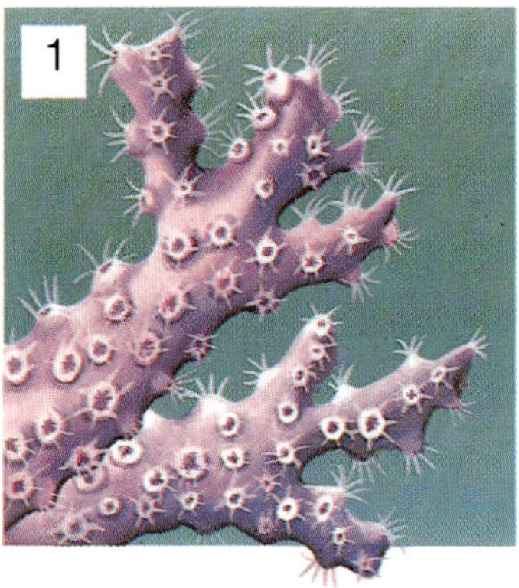

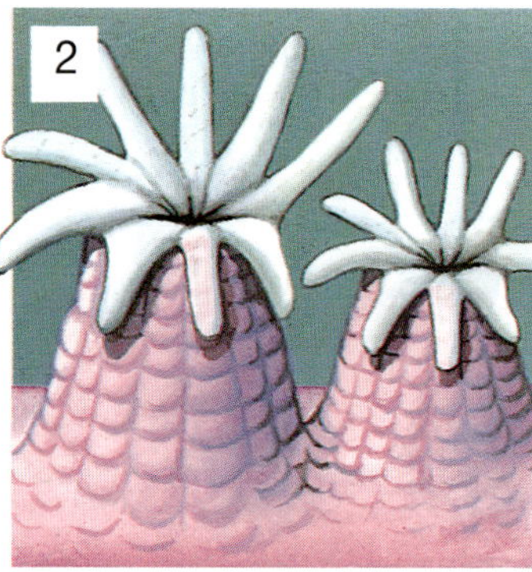

corail éventail

corail champignon

cornes de cerf

Les jeunes coraux restent attachés à leurs parents. Quand des coraux meurent, d'autres coraux se greffent sur eux. Ainsi, les couches de coraux forment des murs de calcaire : les récifs. De nombreux animaux vivent dans les récifs coralliens, car ils y trouvent abri et nourriture (3).

corail étoilé

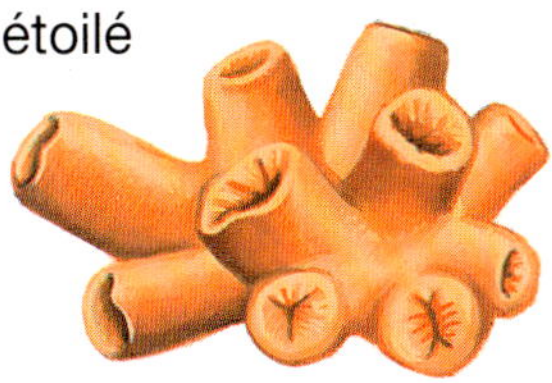

cerveau de Neptune

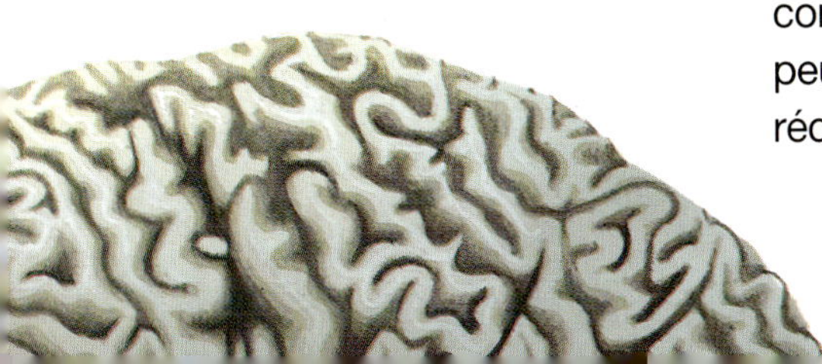

Les couronnes d'épines, des étoiles de mer, dévorent les coraux. Ces animaux peuvent détruire un récif en quelques mois.

Sais-tu que...

La plus haute montagne sous-marine se trouve dans l'océan Pacifique, entre les îles Samoa et la Nouvelle-Zélande. Avec ses 8 700 m, cette montagne est presque aussi grande que le mont Everest, le sommet le plus élevé de notre planète.

Le Groenland est la plus grande île du monde. Il y a des millions d'années, ce pays faisait partie du continent américain.

Une des îles les plus jeunes est Lateika, dans le Pacifique. Elle est née d'une éruption sous-marine en 1970.

Le récif corallien le plus long est celui de la Grande Barrière de corail, dans le Pacifique. Ce massif corallien se prolonge sur 2 000 km au nord-est de l'Australie.

Le vent et

les vagues

≋ Les océans et le climat

Le climat est lié aux océans, qui emmagasinent la chaleur du soleil là où il fait chaud et la libèrent là où il fait froid.

Les océans jouent aussi un rôle important dans le cycle de l'eau, qui est vitale pour les hommes, les plantes et les animaux. La chaleur du soleil transforme l'eau en un gaz invisible, la vapeur, qui se mélange à l'air. En montant dans le ciel, l'air se refroidit et forme de minuscules gouttes.

Les petites gouttes d'eau grossissent et forment des nuages. L'eau des nuages retombe sur la Terre sous forme de pluie, de neige ou de grêle. Une grande partie de cette eau retourne dans les océans.
L'autre partie pénètre dans le sol.

Les courants

Les courants marins sont comme des fleuves dans l'océan. Ils transportent l'eau d'un point à l'autre de la Terre. Aux pôles, les courants déplacent aussi des icebergs. Il y a des courants de surface et d'autres en profondeur.

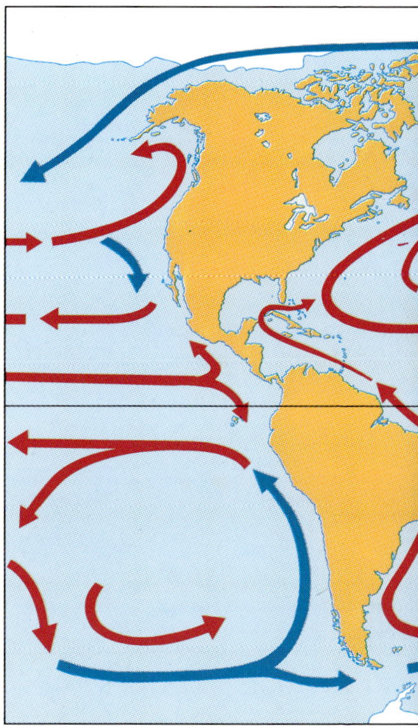

Les grands courants marins de la Terre forment 5 larges boucles qui circulent dans un sens giratoire.

À l'équateur, les vents poussent les eaux en surface d'est en ouest. Dans les régions polaires, c'est le contraire, l'eau en surface est entraînée d'ouest en est.

Le mouvement des courants et des vents est provoqué par la rotation de la Terre.

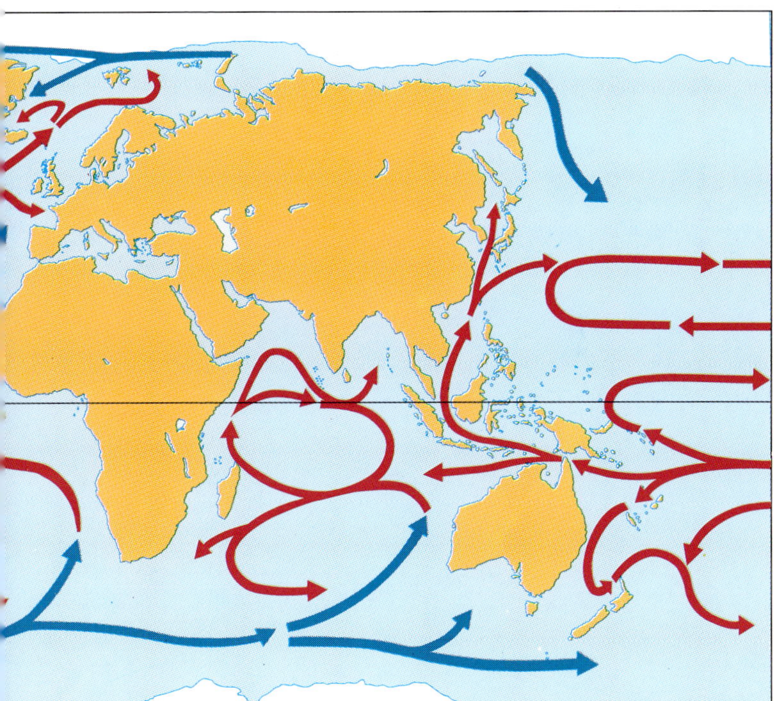

Les vagues

Les vagues sont créées par le vent qui souffle à la surface des océans. Les vagues montent et descendent, mais l'eau, elle, n'avance pas.

Le dessus de la vague s'appelle la « crête » et le fond, le « creux ».

Lorsque les vagues arrivent vers le rivage, elles se brisent parce que le mouvement de l'eau est freiné par le fond et que le vent pousse la crête vers l'avant.

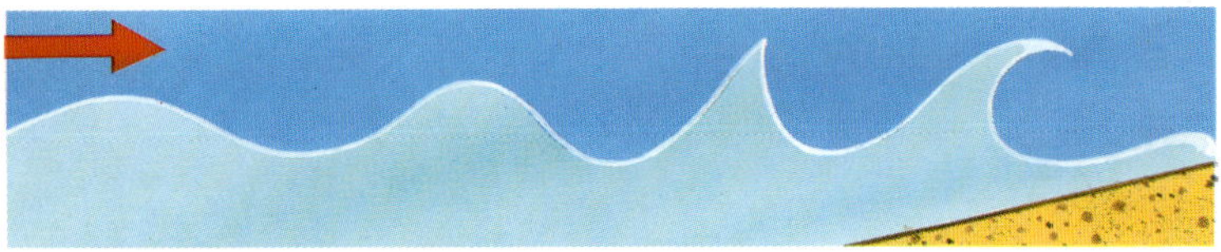

Les surfeurs aiment les grandes vagues créées par des vents très forts, qui soufflent pendant des jours sur l'océan et déferlent ensuite sur les belles plages de sable.

Tempêtes sur l'océan

Les jours de tempête, des vents très forts soufflent sur l'océan et forment de grandes vagues qui roulent sur elles-mêmes et se cassent violemment.

Ces vagues peuvent atteindre plus de 15 mètres de haut.

Les vagues les plus dangereuses s'appellent des « tsunamis ». Ces vagues sont provoquées par des tremblements de terre ou des éruptions volcaniques. En pleine mer, elles ne sont pas grandes, mais, lorsqu'elles atteignent le rivage, elles deviennent énormes.

≋ Les marées

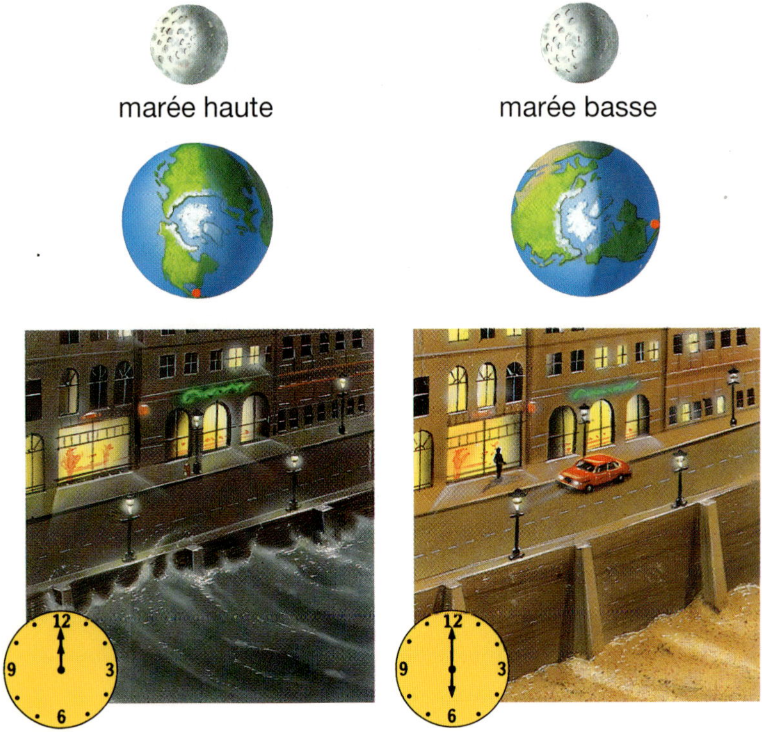

Deux fois par jour, les marées font monter et descendre le niveau de la mer. La mer monte pour atteindre la marée haute, et, pour la marée basse, c'est le contraire. D'où viennent les marées ?

La Lune tourne autour de la Terre et l'attire. La Terre tourne sur elle-même.

Sur la partie de la Terre qui fait face à la Lune, les océans sont attirés par celle-ci. Du côté opposé, au même moment, la mer est aussi à marée haute. Toutes les 24 heures, la Terre fait un tour complet. C'est pour cela qu'en de nombreux endroits il y a 2 marées hautes par jour. Suis bien le point rouge.

Sais-tu que...

Le Gulf Stream est un puissant courant marin, qui transporte les eaux chaudes des tropiques dans l'Atlantique nord. Ce courant réchauffe l'atmosphère. Il adoucit ainsi le climat des côtes de l'Angleterre, de l'Irlande, de la Norvège et de la France.

Le tsunami le plus haut a mesuré 525 mètres. Il a dévasté la côte dans la région de Lituya Bay, en Alaska, en 1958.

Les plus fortes marées dans le monde ont lieu au nord de l'Atlantique, dans la baie de Fundy, au Canada. L'amplitude de ces marées se situe aux environs de 16 mètres.

Les rivages

Le long de la côte

Le rivage, c'est là où la mer rencontre la terre. Sous l'effet du vent, des vagues frappent les rochers et les brisent avec le temps. Cela s'appelle l'« érosion ».

À cause de l'érosion, qui ne s'arrête jamais, la forme des rivages change tout le temps, même si cela ne se voit pas.

Parfois, les vagues creusent davantage les roches plus tendres et créent ainsi des baies. Les roches plus dures résistent mieux à l'assaut des vagues et forment des caps.
En certains endroits, la mer creuse des grottes, plus ou moins profondes.

Le travail de l'eau de mer découpe aussi les falaises et forme des arches et des piliers qui s'avancent dans la mer.

Les plages

Le sable est formé par l'érosion : l'eau détache des blocs rocheux (1) qui s'entrechoquent et se brisent peu à peu (2).

Les blocs de roches sont progressivement transformés en galets (3) plus petits puis finalement en grains de sable (4).

Les plages sont formées des graviers et du sable transportés par les vagues sur des pentes douces. Si les vagues et les courants marins trop forts, ils balaient le sable : la plage est alors recouverte de galets ou de rochers.

Le gravier et le sable déposés par la mer bougent tout le temps, car les vagues et les courants les transportent le long de la côte.

Nicher dans la falaise

Des oiseaux de mer, comme les macareux, les guillemots et les fous de Bassan, nichent dans les falaises. Même s'ils vivent regroupés, chaque espèce a son territoire et ses habitudes.

Les macareux installent leurs nids dans des terriers qu'ils creusent sur le dessus de la falaise. Les fous de Bassan fabriquent leurs nids avec des algues. Les guillemots ne font pas de nids : ils déposent directement leurs œufs dans les trous des rochers.

Ces oiseaux trouvent leur nourriture, des poissons et d'autres animaux, dans la mer. En sortant de l'eau, pour voler jusqu'à leurs nids, ils s'aident de courants d'air chaud qui montent le long des falaises.

Au bord de l'eau

Les animaux et les plantes qui vivent sur une côte rocheuse ont une double vie. À marée haute, ils vivent dans l'eau ; à marée basse, ils doivent survivre à l'air.

Les balanes et les moules vivent fixées sur les rochers. À marée haute, ces animaux ouvrent leurs coquilles pour se nourrir en filtrant l'eau, qui contient du plancton. Le plancton est trop petit pour qu'on le voie.

Les escargots et les berniques sortent de leur coquille et rampent en broutant les algues. Les étoiles de mer se nourrissent de coquillages. Les crevettes et les anémones de mer se réfugient dans les mares qui ne s'assèchent pas. Les crabes dévorent toutes sortes de proies.

Lorsque la marée baisse, les escargots et les berniques se fixent à leurs rochers. Les balanes et les moules s'enferment dans leurs coquilles. Les crabes et les étoiles de mer se cachent dans un creux de rocher ou une flaque d'eau.

Les algues

Les algues se développent le long des plages rocheuses. Certaines n'ont pas de racines, car elles n'ont pas de sol pour se fixer. Elles puisent dans l'eau leur nourriture. Des crampons leur permettent de s'attacher aux rochers.

Les algues sont souples : elles s'adaptent aux mouvements de l'eau. Certaines algues, comme les fucus, ont des petites bulles remplies d'air qui les aident à flotter dans l'eau.

Les algues se développent à différentes profondeurs : le fucus peut survivre à l'air libre, tandis que le varech géant forme de véritables forêts dans les eaux profondes.

De nombreux animaux vivent dans ces herbiers marins : des escargots, des oursins, des éponges, des crabes. Des poissons viennent aussi y pondre leurs œufs. Les phoques et les loutres s'y cachent.

Dans le sable

Sur les plages sableuses, le vent forme parfois des collines de sable (1). Ce sont des dunes (2). L'herbe pousse sur les dunes et les fixe (3).

dune

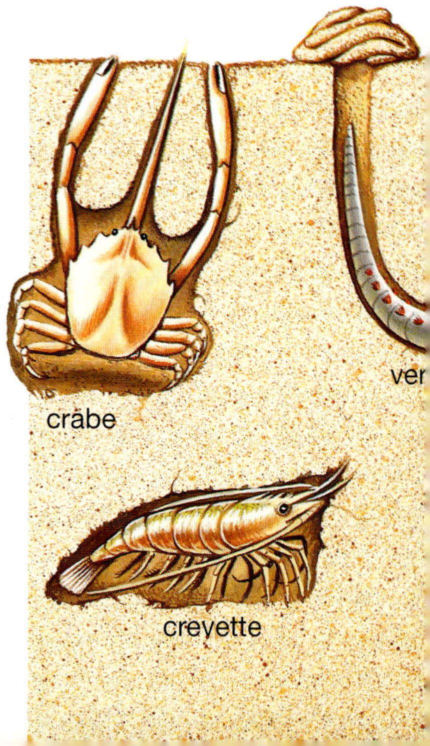

Le long des plages, dans les parties recouvertes par les marées, de nombreux animaux se cachent dans le sable pour se protéger lorsque l'eau descend.

Les couteaux, par exemple, s'enterrent grâce à un large pied et une double coquille étroite. À marée haute, ils font sortir en surface des « siphons », pour aspirer l'eau de mer. Les siphons les nourrissent et les font respirer.

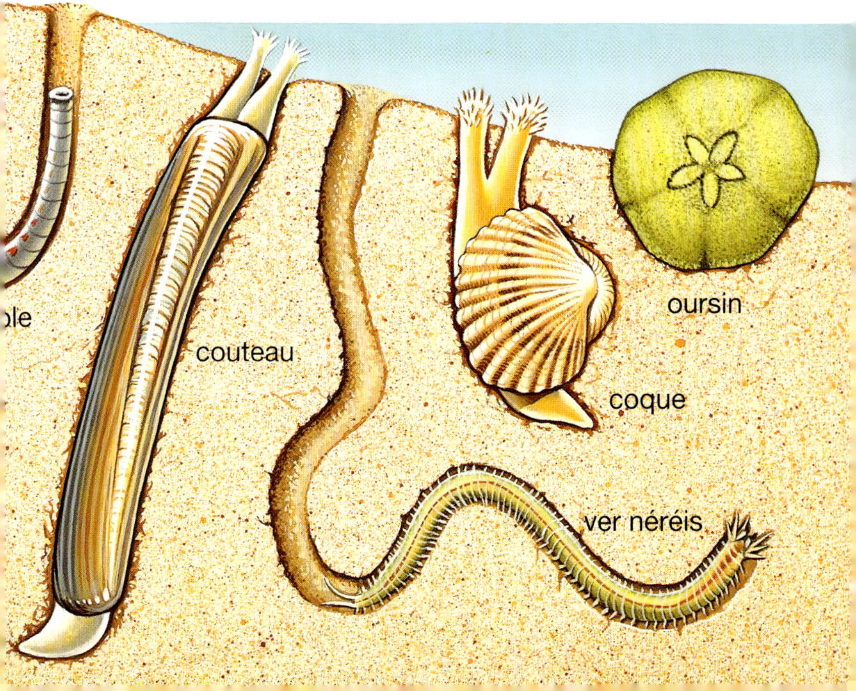

Estuaires et deltas

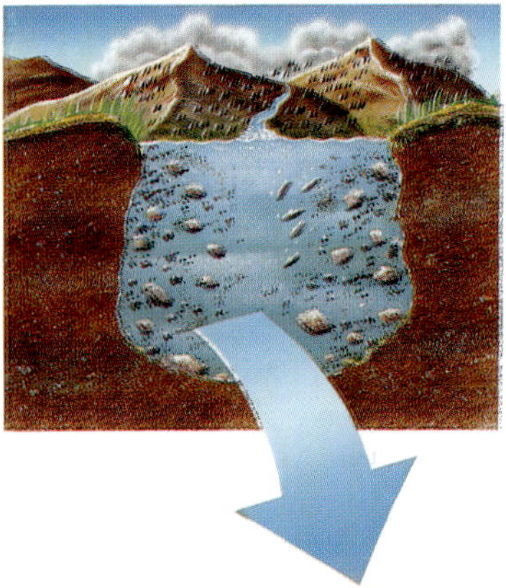

Un estuaire est formé par l'embouchure d'un fleuve qui se jette dans la mer.
Les fleuves transportent des quantités de sable et de boue jusqu'à leur embouchure, où ils les déposent. Cela fait avancer le rivage dans la mer.

Si un fleuve décharge trop de sable, celui-ci s’accumule et un delta se forme.
Plus les quantités de sable sont grandes, plus la surface du delta augmente.

Un delta est une région basse et plate en forme de triangle, dont la pointe se situe à la bouche du fleuve. Pour atteindre la mer, le fleuve se divise en plusieurs bras, qui entourent le delta.

Les vasières

Dans les estuaires et les deltas, la quantité de sel dans l’eau varie sans cesse. À marée haute, les vasières sont recouvertes d’eau salée. À marée basse, c’est l’eau douce qui domine. Les plantes et les animaux doivent s’y adapter.

Les oiseaux fouillent la vase avec leur bec et y trouvent les vers, les coquillages et les petits poissons dont ils se nourrissent.

Il est facile de voir que
cet oiseau est un échassier,
ses jambes sont longues
comme des échasses !
Elles lui permettent
de marcher dans l'eau.

Certains animaux sont enfouis encore plus en profondeur. Les oiseaux possèdent des becs très longs pour aller les chercher.

Marais et marécages

Là où l'océan se confond avec la terre se trouvent des zones humides : marais et marécages.

Dans les marais, les racines des herbes et des plantes aident à retenir le sol et empêchent qu'il soit emporté par les vagues et les courants. Il n'y a pas d'arbres dans un marais.

Les palétuviers poussent au bord des marais ou mangroves, dans les régions tropicales. Leurs longues racines en forme de grandes arches les fixent au sol et les maintiennent hors de l’eau, même lorsque la mer remonte.

Sais-tu que...

Certains sables ne sont pas composés de particules rocheuses, mais de coquilles brisées.

Sur des falaises où la place manque, 70 couples de guillemots (sortes de petits pingouins) parviennent à nicher ensemble sur un 1 mètre carré seulement !

La loutre de mer se nourrit surtout d'oursins, dont elle sait casser les piquants. La loutre mange aussi des coquillages et des crustacés.

Le delta du Mississippi grandit d'environ 96 m par an.

Le mot « delta » vient de la lettre grecque, qui a la forme d'un triangle.

La mer

au large

Les profondeurs

Les océans sont divisés en 4 niveaux de profondeur. Chacun possède ses propres espèces animales.

Le niveau le moins profond porte le nom de zone épipélagique. Le soleil y pénètre avec abondance et chauffe l'eau. Un grand nombre de plantes et d'animaux y trouvent abri et nourriture.

Au-dessous de cette couche se trouve la zone mésopélagique. Le soleil n'y pénètre presque pas et les algues ne peuvent plus y vivre. Les animaux doivent remonter dans la zone située au-dessus pour se nourrir.

En descendant encore plus profondément, on atteint la zone bathypélagique, et puis, dans les plus grands fonds, la zone abyssopélagique. Il y fait noir et très peu d'animaux y vivent. Certains sont aveugles et d'autres émettent de la lumière.

La vraie échelle des profondeurs

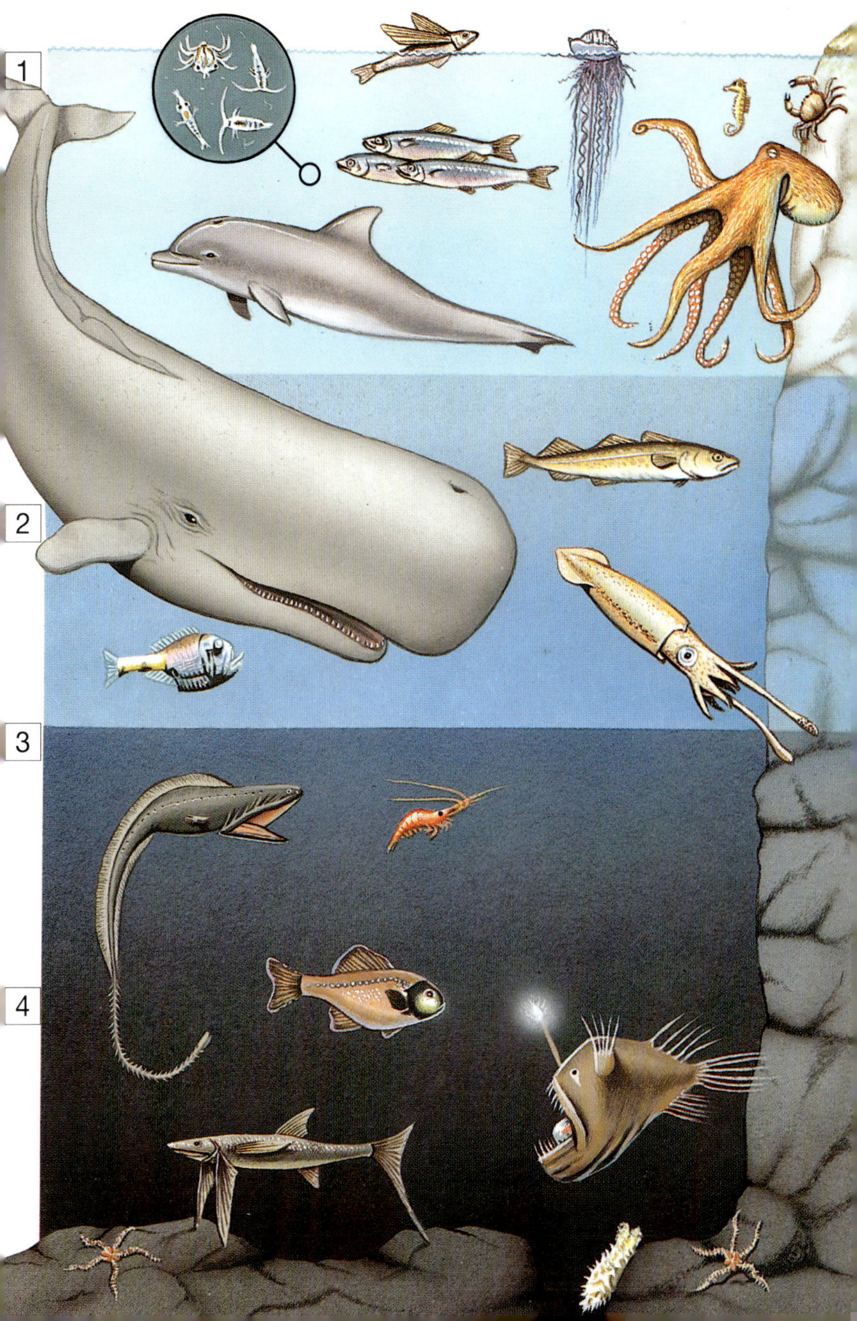
1
2
3
4

Le plancton

Les plus nombreux organismes vivants des océans sont les algues et les animaux qui forment le plancton.

phytoplancton

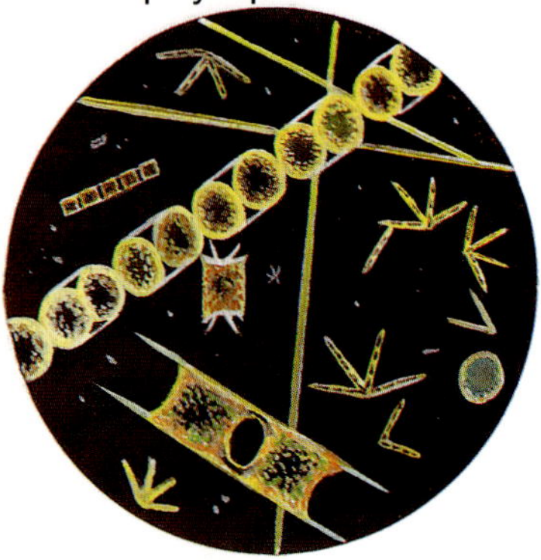

zooplancton

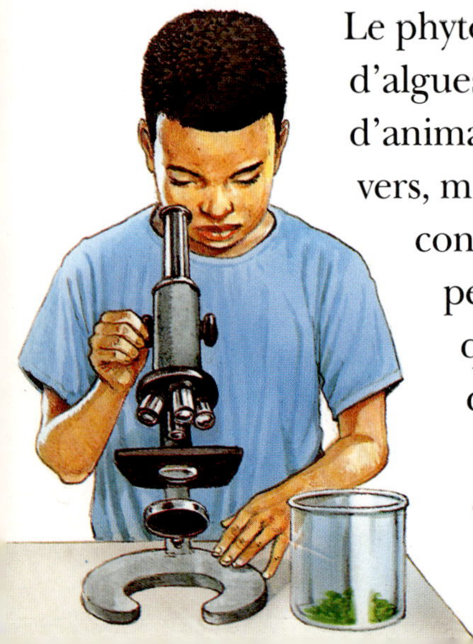

Le phytoplancton est composé d'algues et le zooplancton, d'animaux (larves, crustacés, vers, méduses, etc.). Les êtres qui constituent le plancton sont si petits qu'on ne peut les voir qu'au microscope. Un seau d'eau de mer contient des millions d'organismes constituant le plancton.

anémone
de mer

Bien qu'il soit très petit, le plancton constitue la base de la nourriture des animaux marins.

Les anémones de mer, les coraux, les moules, les huîtres se nourrissent du plancton en eaux peu profondes.
Les animaux qui flottent, telles les méduses, filtrent du plancton. Des poissons, comme le maquereau, s'en nourrissent à leur naissance.
Le plus gros des animaux marins, la baleine bleue à fanons, filtre des tonnes de plancton et de krill, sortes de crevettes.

méduse

maquereau

baleine bleue

Se nourrir dans l'océan

Imagine les plantes et les animaux des océans comme les éléments d'une chaîne.

En premier, les plantes : elles utilisent l'énergie solaire pour se nourrir. Puis viennent les petits animaux, qui mangent des plantes. À leur tour, ces animaux servent de nourriture à d'autres, plus grands.

Les chasseurs s'appellent des « prédateurs », leurs victimes sont des proies.

De nombreux animaux se nourrissent différemment. C'est pourquoi il y a des chaînes alimentaires variées dans la mer.

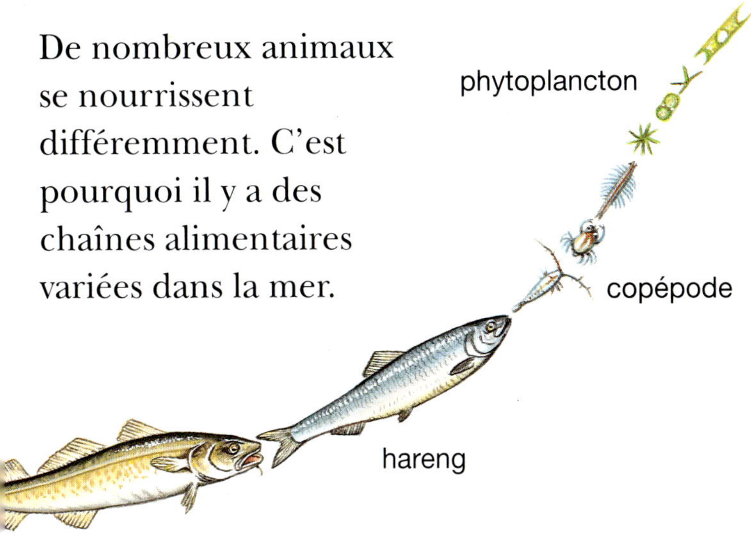

Dans la mer, rien ne se perd. Plantes et animaux morts sont consommés et détruits par des organismes « fossoyeurs », les bactéries. Cela donne des produits minéraux qui alimentent les algues et le phytoplancton.

bactérie
(vue au microscope)

Survivre

Pour rester vivant, un animal doit trouver sa nourriture et éviter d'être mangé.

La pieuvre envoie un jet d'encre noire pour effrayer un prédateur. Ensuite, elle s'enfuit et se cache.

Le grand dragon des mers ressemble à une touffe d'algues. Il se camoufle ainsi.

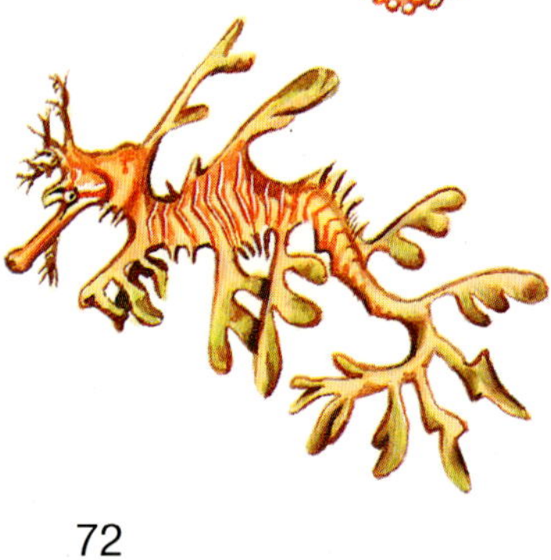

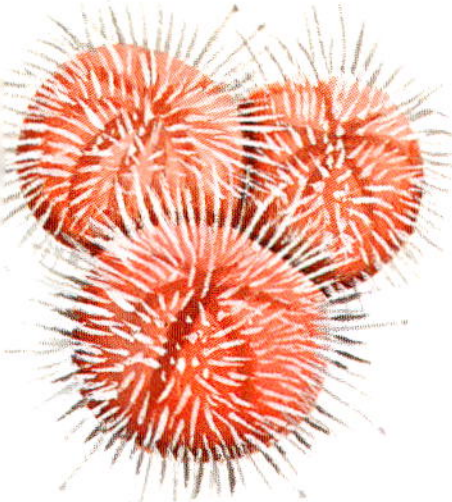

Les oursins se protègent à l'aide de leurs piquants. Il est difficile de les manger.

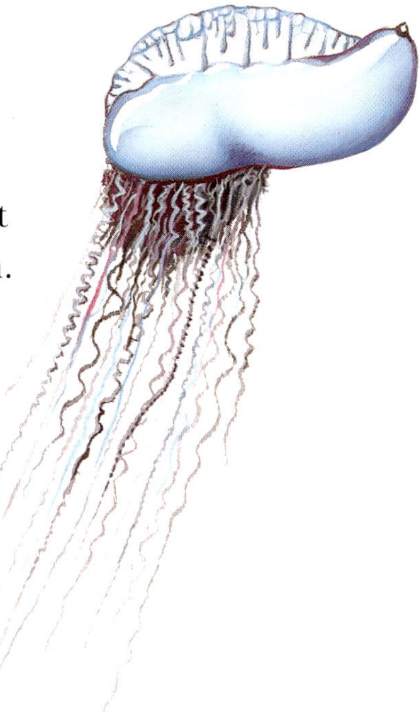

La méduse physalie a des tentacules pouvant atteindre plus de 12 m. Leur piqûre peut être très dangereuse.

Le poisson-clown vit parmi les tentacules de l'anémone de mer. Il est donc bien protégé et il nourrit l'anémone avec les restes de ses repas.

Se protéger

De nombreuses créatures marines voyagent en groupes, que l'on appelle des « bancs ». Cela leur permet de mieux se protéger.

Il est beaucoup plus difficile pour les prédateurs de capturer un poisson qui se déplace en banc. Par contre, cela ne suffit pas à protéger ces maquereaux du barracuda.

Les barracudas sont appelés « tigres des mers », car ils sont de terribles chasseurs. Les plus grands mesurent 2 m de long. Ils ont une forme de torpille et nagent très rapidement. Les mers sont remplies de poissons voraces.

Pour attraper leurs proies, les barracudas foncent au travers des bancs de poissons, les attaquant, comme tu le vois ici, en claquant leurs dents pointues.

Vivre sous l'eau

Près de 13 000 espèces de poissons vivent dans les mers et les océans.

Les poissons se déplacent grâce à leurs nageoires. Certaines, comme celle de la queue, servent à pousser le poisson vers l'avant, d'autres l'aident à rester droit et stable.

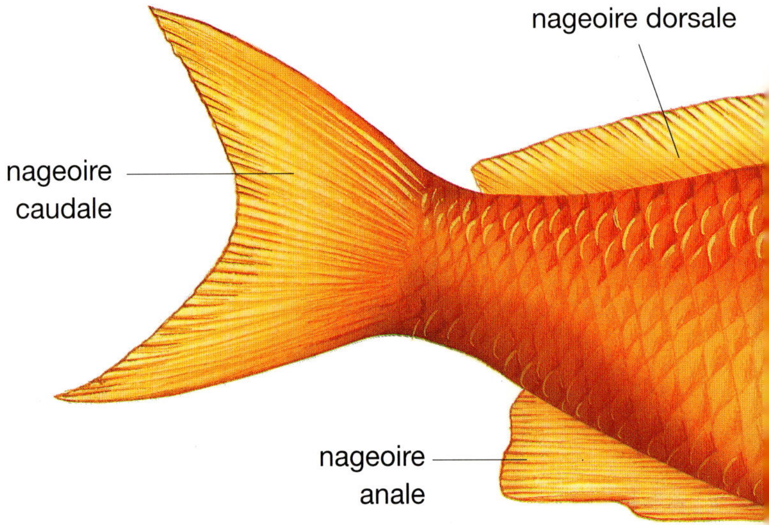

Nous respirons l'oxygène de l'air. Les poissons, eux, utilisent l'oxygène qui se trouve dans l'eau.

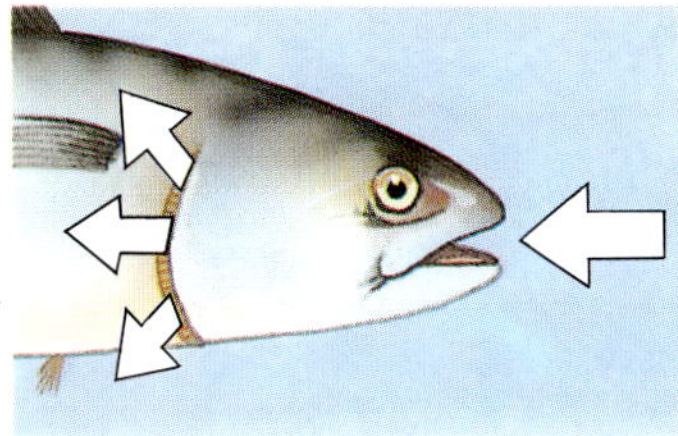

Le poisson a des branchies cachées derrière les ouïes, de chaque côté de sa tête. L'eau entre dans la bouche du poisson, puis passe par les branchies, qui en absorbent l'oxygène. Elle ressort par les ouïes.

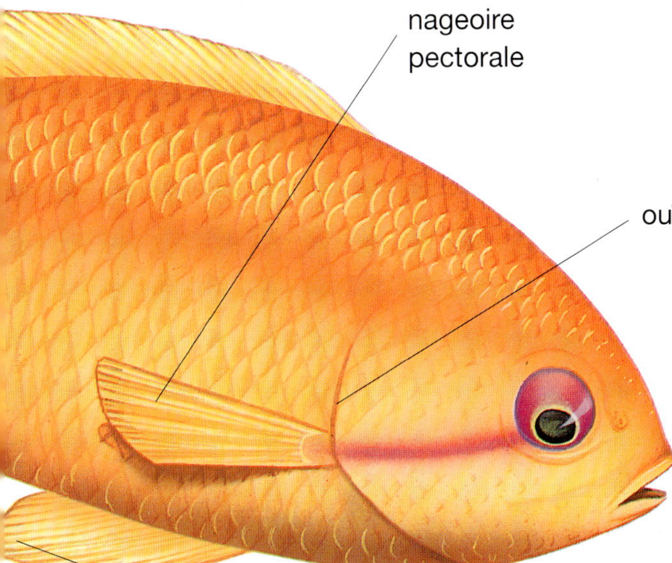

Les mammifères marins

Les baleines, les dauphins et les phoques ne sont pas des poissons. Ce sont des mammifères, car ils donnent naissance à des bébés qu'ils nourrissent de leur lait. Les poissons, eux, pondent des œufs.

Les branchies permettent aux poissons de respirer sous l'eau. Mais les mammifères marins ont des poumons, ils doivent donc revenir à la surface pour respirer.

Le cachalot et l'orque ont des dents. Mais les plus grosses baleines, comme la baleine à bosse, ne possèdent pas de dents.

À la place, elles ont des fanons. Ces baleines remplissent leur bouche d'eau et la rejettent ensuite à travers ces fanons. Ceux-ci filtrent l'eau et retiennent le plancton et le krill, composé de crevettes.

Des sons sous la mer

Le monde sous-marin est bruyant. Les dauphins et les baleines émettent des séries de petits bruits qui leur sont renvoyés comme un écho.

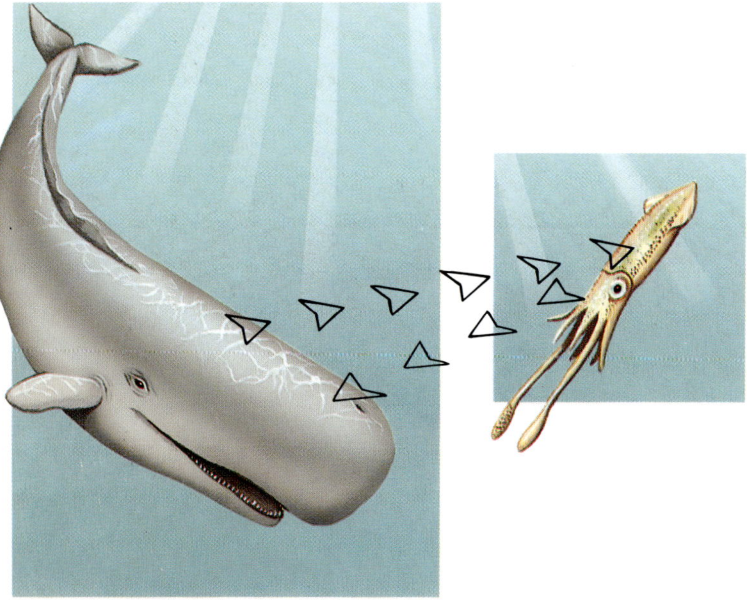

Ces sons aident les dauphins et les baleines à se diriger ou à trouver leurs proies. Un cachalot peut ainsi détecter un calmar situé à plus de 400 mètres.

Les mammifères marins, dauphins et baleines, émettent aussi d'autres sortes de sons pour communiquer entre eux.
Ceux qui étudient la mer, les océanographes, enregistrent ces sons. Mais ils n'ont pas encore réussi à les comprendre.
Les baleines à bosse émettent des chants qui durent parfois plus de 20 minutes. On ne sait pas pourquoi...

Voyages à travers l'océan

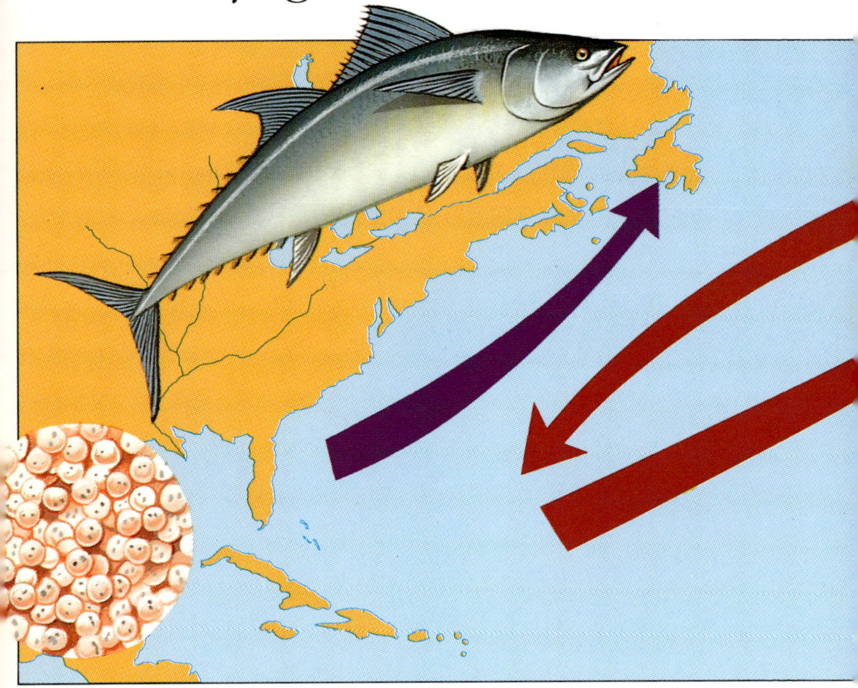

De nombreux animaux marins font de longs voyages à travers les océans : ce sont les migrations. Le thon pond ses œufs dans les eaux chaudes des Caraïbes, puis il migre vers le nord de l'océan Atlantique, au large de la Nouvelle-Écosse, province du Canada.

Les anguilles effectuent un voyage encore plus long. Elles quittent leurs rivières d’Europe, traversent l’Atlantique jusqu’à la mer des Sargasses près des Bermudes, pour y pondre leurs œufs. Ensuite, les jeunes anguilles reviennent vers les rivières d’Europe, où elles grandiront.

Dans les profondeurs

Il fait plutôt froid au fond de l'océan.
La température de l'eau ne dépasse pas 3 °C et c'est tout noir.

Il n'y a pas beaucoup de nourriture et donc peu d'animaux. Ceux qui y vivent sont de petites tailles, ont des formes étranges et se dévorent entre eux.

En dehors des poissons, on trouve des anémones de mer et des étoiles de mer. « L'avaleur-anguille » n'est qu'une énorme bouche munie d'une queue. Le poisson-pêcheur agite un appât lumineux au-dessus de sa bouche pour y attirer des proies. Le poisson-lanterne émet des signaux lumineux pour manifester sa présence.

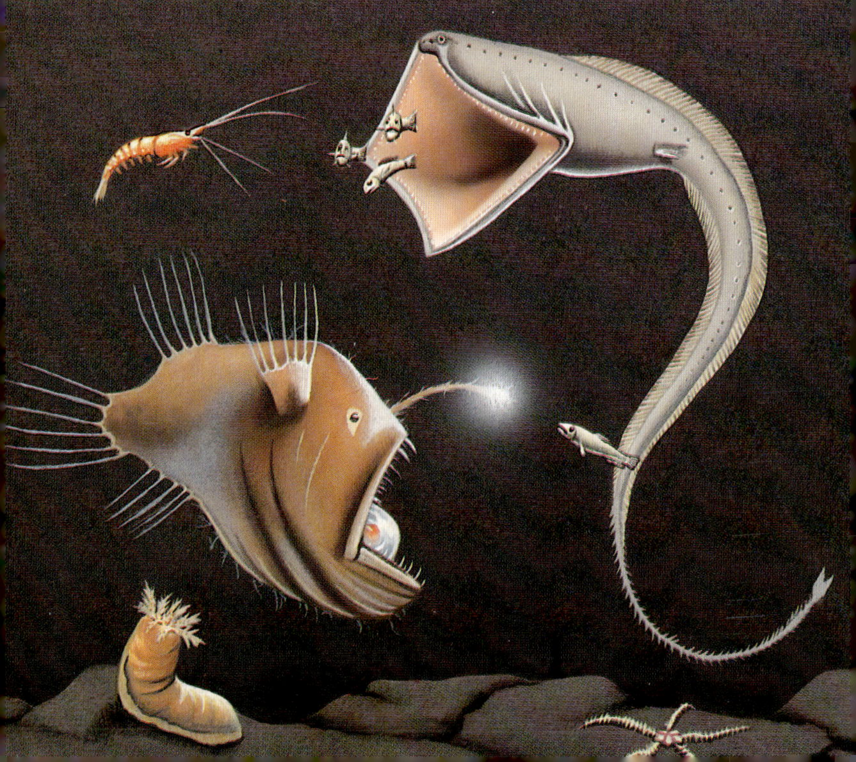

Sais-tu que...

Le nom de plancton vient du verbe grec qui signifie « errer ». Le plancton ne peut se déplacer tout seul, il est entraîné par les courants marins.

En cas d'urgence, la plupart des poissons peuvent nager très vite, sur une distance correspondant à 10 fois la longueur de leur corps et en une seconde seulement.

La baleine bleue est le plus grand des animaux. Elle peut mesurer plus de 30 m de long et peser 120 tonnes. Ces dimensions correspondent à 7 éléphants en longueur et à 17 éléphants en poids !

Les richesses

de la mer

Des trésors dans la mer

Les océans sont remplis de trésors. Tu peux ramasser sur les plages de très beaux coquillages.

Les plongeurs cherchent des huîtres qui renferment des perles.

Les profondeurs des océans contiennent des boules de minéraux de grande valeur, qu'on appelle des « nodules ».

En étudiant les épaves de navires, les océanographes découvrent beaucoup de choses sur la vie des gens autrefois.

Où trouver les poissons

Les pêcheurs capturent dans toutes les mers de la Terre plus de 70 millions de tonnes de nourriture chaque année.

Sur les bateaux bien équipés, les pêcheurs recherchent les poissons à l'aide d'un sonar, un appareil ajusté à la coque du bateau et qui émet des ultrasons dans l'eau. Lorsque ces signaux rencontrent un obstacle, que ce soit le fond de la mer ou un banc de poissons, ils repartent comme un écho vers le navire, où ils sont enregistrés sur un écran.

Pour rechercher les poissons, les satellites sont aussi très utiles. Ils reconnaissent sur la mer la couleur verte du phytoplancton, dont les poissons se nourrissent. Ils transmettent ces renseignements au sol. Une fois cette information transmise, les pêcheurs savent ainsi qu'à certains endroits il y a beaucoup de phytoplancton, et donc beaucoup de poissons.

La pêche

Les pêcheurs utilisent différents filets selon les poissons. Il y a des filets qui dérivent, pendus à des flotteurs. Les filets en forme de poche géante servent à capturer les poissons qui nagent en bancs près de la surface, comme les harengs.

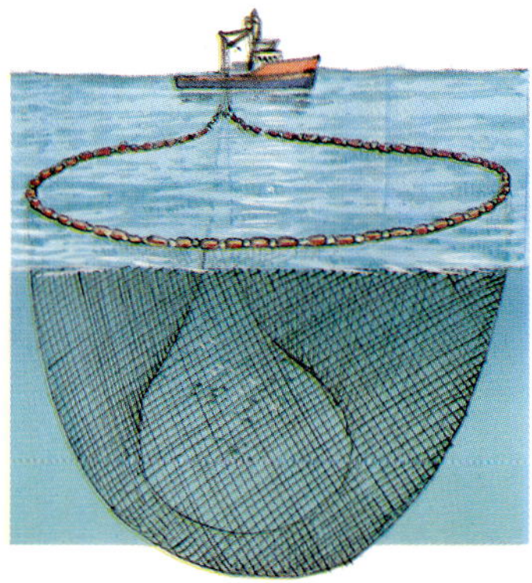

Certains bateaux traînent des chaluts, pour pêcher des poissons vivant en profondeur, comme la morue.

Le filet est hissé sur le chalutier. On nettoie les poissons et on les met en caisse avec de la glace pour les garder au frais.

Les fermes marines

Les océans sont si vastes que l'on pourrait imaginer qu'ils sont une source de nourriture inépuisable. Mais ce n'est pas vrai.

Si on capture trop de poissons au même endroit, il risque de ne plus y en avoir assez dans la mer pour pondre des œufs. Il faut préserver la survie des poissons.

Trop de poissons aujourd'hui ...

... pas assez demain.

Dans les fermes marines, les poissons naissent à partir des œufs contenus dans des bacs. Les bébés poissons, les alevins, grandissent dans des bassins jusqu'à ce qu'ils soient assez gros pour être mangés.

D'autres fermes produisent des moules, des algues comestibles, des crevettes...

moules

algues

Les richesses minérales

marais salant

L'un des trésors de la mer est si bien connu qu'on l'oublie parfois... Nous avons besoin de sel, et l'un des moyens de l'obtenir est d'utiliser l'eau de mer.

Dans les régions chaudes et sèches, l'eau de mer est conservée dans des bassins peu profonds appelés « marais salants ». Sous l'effet du soleil, l'eau s'évapore et le sel se dépose sur le sol. Il est ensuite ramassé.

plate-forme

pétrolier

pipeline

Gaz et pétrole sont enfouis au-dessous des fonds marins. À partir des plates-formes, on creuse des puits étroits jusqu'au pétrole ou au gaz pour les pomper. Des pétroliers ou des pipelines sous-marins les acheminent ensuite vers des raffineries.

Les raffineries transforment les produits bruts en essence pour les voitures ou en mazout pour le chauffage des maisons.

L'énergie des mers

Les hommes recherchent de nouvelles sources d'énergie.

Il existe un endroit en Norvège où l'on utilise la force des vagues pour produire de l'électricité. Les vagues poussent l'eau dans un grand réservoir. Là, elle fait tourner des turbines, qui produisent de l'électricité.

La force des marées permet elle aussi d'obtenir de l'électricité. En France, par exemple, un barrage a été construit à l'embouchure d'un fleuve nommé la Rance. À l'intérieur de ce barrage se trouvent des turbines qui génèrent de l'électricité. À marée montante, l'eau passe par de larges tuyaux et fait tourner les turbines. À marée descendante, les turbines tournent dans l'autre sens. Dans les deux cas, de l'électricité est produite.

Les savants recherchent plusieurs façons d'utiliser l'énergie des vagues et des marées.

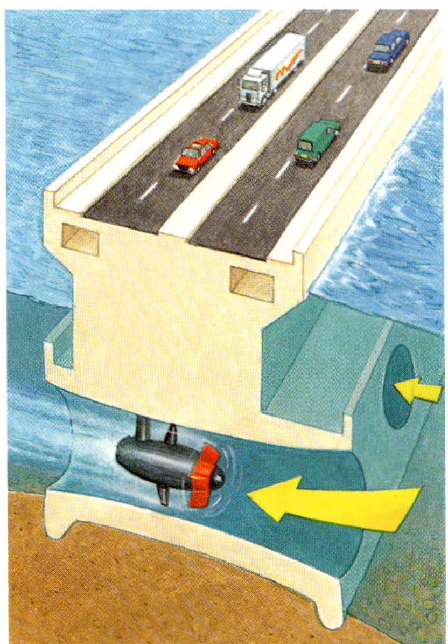

Il faudra encore beaucoup de travail pour mettre au point toutes ces idées.

Sais-tu que...

Les pêcheurs de perles devaient retenir leur souffle lorsqu'ils nageaient sous l'eau à la recherche des huîtres perlières. Aujourd'hui, on utilise surtout des combinaisons de plongée et des bouteilles pour effectuer ce travail.

Dans certaines régions chaudes et arides, telle l'Arabie, l'eau douce est rare. Il faut donc dessaler l'eau de mer, aussi bien pour la boire que pour faire pousser des plantes.

Le varech géant de Californie pousse de 60 cm par jour et peut atteindre 60 m de long.

Les hommes

et la mer

Étudier la mer

Pour étudier la mer, les océanographes utilisent des instruments simples et toutes sortes d'appareils électroniques.

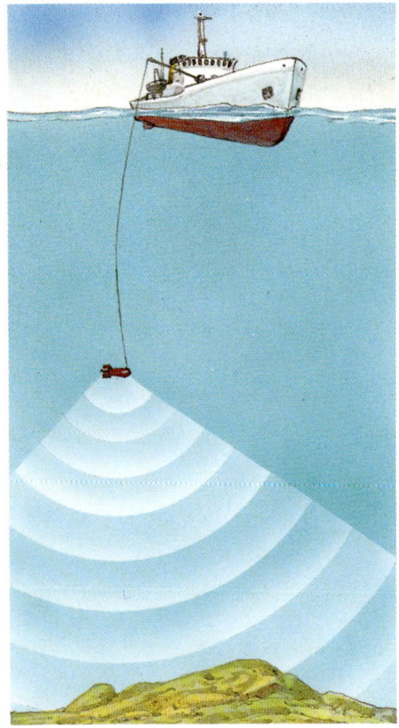

Ils peuvent aussi mesurer les profondeurs et le relief des grands fonds avec des sondeurs très précis. Les instruments ont fait de grands progrès de précision !

Les satellites qui tournent autour de la Terre sont de précieux outils d'observation.

Les satellites photographient et mesurent. Ils émettent aussi des ondes radar, qui renvoient sous forme d'écho des informations concernant la direction des courants, la température de l'eau ou la présence des poissons... Ils sont très utiles aux scientifiques.

Plongeurs au travail

Les plongeurs réalisent de nombreux travaux de construction et de réparation sous la mer. Ils explorent aussi les fonds marins et étudient la faune et la flore.

Pour travailler jusqu'à environ 70 m, les plongeurs emportent des bouteilles renfermant de l'air. À des profondeurs plus grandes, allant jusqu'à 500 m, ils respirent un mélange gazeux spécial.

Pour certains travaux, les plongeurs portent un scaphandre en métal. Ils sont alimentés en air depuis la surface.

Après une plongée profonde, les plongeurs autonomes (avec des bouteilles) doivent rester un temps plus ou moins long dans une chambre de décompression. Cela évite la formation de bulles dans le sang. Ces bulles peuvent être mortelles.

Les mini-sous-marins

Les submersibles transportent les hommes en toute sécurité au fond des océans.

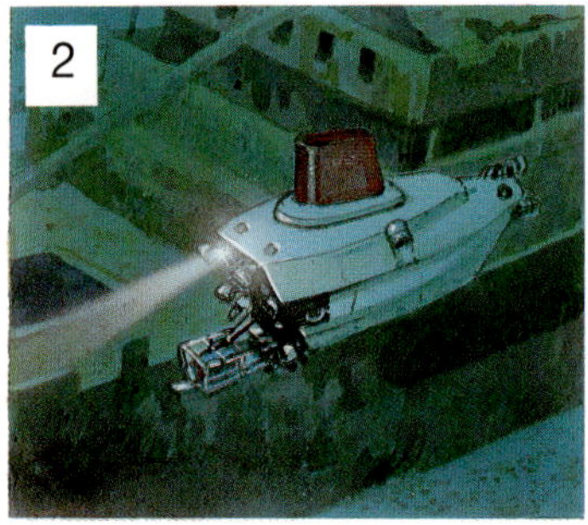

Le mini-sous-marin est mis à l'eau à partir d'un bateau (1). Pendant la plongée (2), l'équipage reste en contact avec ce bateau (3). Le sous-marin peut demeurer sous l'eau pendant une dizaine d'heures avant de refaire surface (4).

Pour des travaux dangereux à de très grandes profondeurs, on envoie des robots submersibles, qui fonctionnent sans équipage. Ils sont commandés à l'aide d'un câble relié à un bateau.

Les robots sont munis de bras qui manient des outils, afin de réaliser des recherches et des réparations.

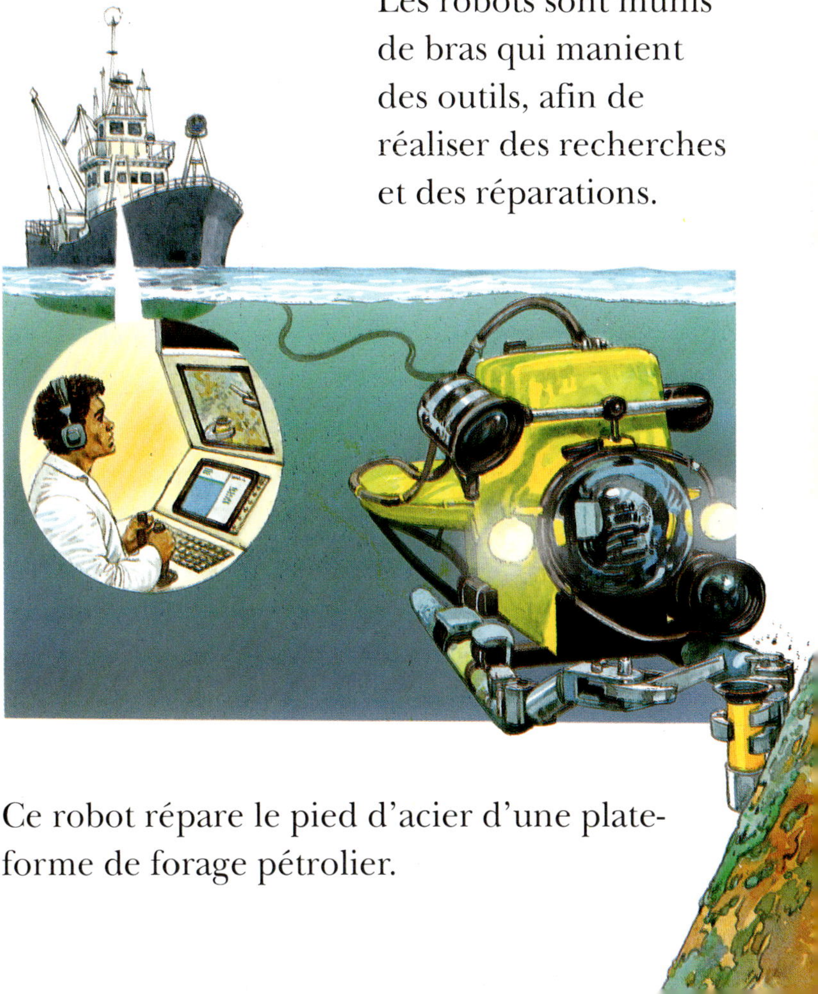

Ce robot répare le pied d'acier d'une plate-forme de forage pétrolier.

Les routes maritimes

Les bateaux traversent les océans d'un port à un autre, en suivant des voies maritimes.

ferry

porte-conteneurs

Les ferries transportent camions, voitures et passagers. D'autres bateaux portent des caisses, appelées « conteneurs ». Les pétroliers transportent des combustibles liquides. Les cargos chargent des matières sèches.

pétrolier

cargo céréalier

Jouer avec les vagues

La mer est un lieu merveilleux pour se reposer et s'amuser. Mais, avec les courants et les marées, il faut être prudent ! Attention à toi… et bonne baignade !

La pollution de la mer

En déversant des déchets dans la mer, les gens la polluent et la contaminent.

La pollution représente une grande menace pour les plantes et les animaux qui vivent dans les mers et les océans.

Des industries déversent des liquides toxiques dans les rivières qui coulent vers la mer. Des engrais et des pesticides parviennent aussi dans les mers et représentent un danger pour la vie.

Parfois, la mer est utilisée comme une décharge. Des villes y rejettent leurs eaux d'égouts. Des péniches déversent des déchets au large des côtes.

Un pétrolier qui fait naufrage répand du pétrole dans la mer : c'est une marée noire. Cela peut tuer des milliers d'oiseaux, d'animaux, et mettre en danger l'équilibre de la vie sous-marine.
Si le pétrole atteint le rivage, il abîme aussi les plages. Il faut beaucoup de travail pour nettoyer la côte après une marée noire.

Protéger la mer

Les océans sont beaux et précieux. Chacun doit faire tout ce qu'il peut pour les préserver.

Des associations de protection comme les Amis de la Terre essaient de protéger les océans. Mais il y a encore beaucoup de choses à faire.

Que peux-tu faire ?

Tu peux commencer par ramasser ce qui traîne sur une plage et, surtout, par ne pas y laisser d'ordures. Évite aussi de retourner les roches dans les flaques d'eau, car cela fait mourir les animaux.

La meilleure façon de protéger la mer, c'est de bien la connaître.

Sais-tu que...

En 1960, 2 hommes sont descendus au fond de la fosse la plus profonde du monde, à 11 000 m, enfermés dans un bathyscaphe.

En 1986, le submersible Alvin a plongé à plus de 3 800 m et a pris des photos du *Titanic*, un paquebot qui a coulé en 1912.
De nombreux objets ont pu être ramenés à la surface.

Après une descente en grande profondeur, les plongeurs, enfermés dans une tourelle, remontent à bord de leur navire. Ils devront rester environ 6 jours dans une chambre de décompression, après un travail à 250 m de profondeur.

Cherchons de A à Z